ÇA VA MAL!!!

IMPRIMERIE DE SÉTIER,
COUR DES FONTAINES, N° 7, A PARIS.

CA VA MAL !!!

Les gueux, les gueux,
Sont les gens heureux ;
Ils vivent entre eux :
Vivent les gueux !

PRIX : 75 cent.

A PARIS,

CHEZ LES PRINCIPAUX LIBRAIRES.

1825.

ÇA VA MAL!!!

Je suis un pauvre diable, réduit par
la nécessité au triste métier d'arpenteur.
Après avoir versé mon sang pour la dé-
fense de ce que je croyais alors la patrie,
je m'aperçus un peu tard, que l'intérêt
bien entendu régnait sans rival.

J'avais lu dans un bon livre qu'on a
déchiré parce qu'il disait trop, de trop
grandes vérités : que l'indifférence, la ser-
vilité, cette persistance dans le calcul,
cette versatilité dans les prétextes, n'était
autre chose que l'intérêt *bien entendu*,

« L'intérêt *bien entendu* a servi a
maintenir l'ordre dans des temps désas-
treux ; mais il a sacrifié à l'ordre extérieur
tous les sentimens dont l'explosion pouvait
être hasardeuse. L'ordre est toujours en

apparence du côté de la force : l'intérêt *bien entendu* s'est placé aussi du côté de cette force ; sinon pour la seconder, au moins pour lui aplanir les obstacles. Il a plaint les victimes ; mais quand on les traînait au supplice, il a veillé à ce que l'ordre ne fût point troublé. Il a laissé tomber les têtes, mais il a garanti les propriétés : il a empêché le pillage, et facilité le meurtre légal. »

Nous sommes assurément un peuple spirituel, aucune nation ne s'avise de nous contester cette qualité ; mais par cela même que l'esprit domine chez nous, on se complaît dans une espèce d'opposition qui s'évapore en paroles.—Tant qu'il n'y a pas eu de danger, l'intérêt *bien entendu* a permis à la vanité de critiquer le bien comme le mal. Le péril paraît ; tout, aux yeux de l'homme clairvoyant et désintéressé, va être remis en question. Voyons encore une fois si, comme lors du changement de la loi des élections, *l'intérêt bien entendu* conseillera d'applaudir prudemment au mal comme au bien.

Depuis dix ans j'arpente les belles terres qui se trouvent sur le département de la Seine, de Seine-et-Oise, et de l'Oise. Tout le monde sait qu'un arpenteur ne marche pas sans les titres de propriétés qu'il est chargé de mesurer ; on y joint même les anciens titres terriers comme renseignemens, quelquefois par orgueil.

On va discuter aux Chambres la loi relative à l'indemnité qu'on destine aux émigrés. Je n'ai point à m'occuper de la question de droit public et de convenance : elle vient d'être traitée d'une telle hauteur par M. l'abbé de Pradt, que, si on saute à pieds joints sur les raisons développées par ce grand publiciste, je demeurerai convaincu que les deux ennemis qu'on a remis en présence, ont pris leur parti, et qu'ils s'attendent, tôt ou tard, à se mesurer de nouveau.

La Grèce prenait l'avis de ses sages, dans les questions qui, par leur nature, menaçaient la tranquillité publique; pourquoi la France, qui, sous la foi des traités, a déposé les armes, serait-elle jugée par ses adversaires? Pourquoi, dans une question de cette gravité, n'opposerait-on pas au publiciste français, l'opinion des *Grotius* et des *Puffendorff* de l'époque? craindrait-on un échec, et les peuples soumis et paisibles seraient-ils *hors* du droit public?

M. de Pradt n'a posé que des faits généraux, je vais tâcher d'appuyer son excellent livre, par des faits qui crèvent les yeux de tout le monde.

Monseigneur le Duc d'Orléans n'a accepté la succession de son père que sous bénéfice d'inventaire; les immenses forêts qui en dépendaient, ont été vendues par lots si considérables, que l'héritier seul a pu les acquérir; les créanciers de la succession ont capitulé, et l'héritier, dégagé des dettes de l'hoirie, se trouve plus réellement riche que ne l'était son père.

Monseigneur le Duc de . . . . . possédait jadis la belle terre de . . . . , sept fermes ont été vendues; mais ses dettes, qui étaient considérables, ont été payées en papier.

Napoléon lui restitua son château, son parc, sept cents arpens de bois, libres de dettes. En 1814, le Roi lui donna cent mille francs de rente sur le domaine extraordinaire. Il a épousé deux cent mille francs de rente ; et de quelles faveurs ne jouit-il pas aujourd'hui !

M. le Marquis.... avait trois enfans, des biens qu'on a vendus en partie et beaucoup de créanciers qu'on a payés en assignats. A sa rentrée de l'émigration, sa fille épousa un vieillard excessivement riche, qui l'institua son héritière, et son fils a épousé une roturière qui lui a apporté en mariage sept cent mille francs de rente, dont un bon tiers a pour cause des biens nationaux ; le père recevra l'indemnité, le fils gardera les biens nationaux, et les créanciers n'auront rien.

M........ émigre, son père meurt insolvable à peu près vers le même temps ; les biens furent vendus, et trois millions d'assignats payés aux créanciers, tous Parisiens.

M.,... rentre , il épouse trois cent mille livres de rentes , dont cent mille au moins en biens nationaux. M...., est mort, ses enfans viendront recueillir l'indemnité due à leur père, et recueilleront un jour les belles fermes nationales que possède leur mère.

M....., émigré et vendéen, a perdu trois mille francs de rente à peu près, mais il a épousé trente bonnes mille livres de rentes nationales et vote au centre depuis 1815.

M....... a perdu quatre-vingt mille livres de rente, mais il a épousé la fille d'un ancien notaire , qui lui a apporté en mariage cent cinquante mille livres de rente, dont les deux tiers en biens de moines. *Et tutti quanti.*

Le plus grand acheteur des biens nationaux de Paris , a doté plusieurs Pairs de France.

La Chambre des Pairs va présenter dans cette question une singularité assez bizarre : on y verra un Pair, possesseur d'un hôtel d'émigré , voter pour le ministère, et le fils de l'ancien propriétaire qui se trouve également pair de France, votera contre l'indemnité.

Le vicomte D...., à cause de sa femme, votera pour le ministère, attendu que sa femme qui est une *bonne vicomtesse*, ne lui a apporté en dot que la terre de B... dont l'origine est de race nationale toute pure. L'émigré, ancien possesseur, vit encore.

Le comte C.... votera pour le ministère; sa femme et lui n'ont pas un pouce de terre qui ne soit d'origine nationale.

Et tant d'autres *illustres malheureux*, qui encombraient les antichambres du *tyran*, qui mourraient de faim avec la clef de chambellan au derrière. Pauvres victimes, que je vous plains ! si je tais vos noms, excusez-moi, j'ai craint de blesser votre amour-propre et d'arracher trop de larmes à mes lecteurs.

Et ce patelinage, ces complaisances, ces mensonges étudiés, ces capitulations de conscience, resteront impunis, et nous payerons, nous peuple, les farces de ces Messieurs ! C'est trop fort, et l'on va trop loin lorsqu'on développe par la pensée les justes représailles qu'ameneront de si ignobles déprédations. La ruse et la perfidie d'un côté, la force endormie et l'éternelle justice de l'autre, sont en présence. Arrangez-vous, messieurs les illustres voleurs (1) et volés ; au premier coup d'archet, je ne réponds de rien.

Tout le monde est fait comme notre famille : *tutto il mondo e fatto come nostra famiglia*, dit le personnage d'une comédie italienne. Je crois, en conscience, que les choses se sont passées dans les Provinces à peu près comme à Paris, et je regarde la mesure proposée comme le don le plus fatal qu'on pût faire aux émigrés. Je sais bien qu'ils sont mécontens et qu'ils veulent arriver à leurs fins par un détour, mais

----

(1) Expression de M. de Puymaurin.

ils se trompent, la passion les égare, pour eux le culte de l'argent ne devrait pas être le premier culte.

Spoliatis arma supersunt. Juv.

L'or s'épuise et le fer reparaît.

Ils ont déjà dégrisé bien du monde : *ça va mal.*

Deux cent cinquante émigrés amenés à la chambre, comme les chimistes amènent le *sédiment* dans le récipient, vont condamner la France à leur payer un milliard... Pauvre France ! les grossières bravades de Blucher étaient mille fois moins injurieuses. C'est le coup de pied de l'âne.

O Welches qui siégez dans la capitale du monde civilisé ! un milliard ! des milliards ! et vous n'y faites nulle attention ! C'est pourtant la sueur et le pain du peuple que vous sacrifiez chaque année, en laissant grossir le budget : et cette barbarie subsiste dans la ville des philosophes, des *jésuites,* des financiers, des spectacles, des bals, des brochures et des filles de joie : cette ville est donc le tonneau des Danaïdes, à travers lequel tout entre, tout passe et tout sort sans interruption.

Imprudens Ministres qui vous laissez conduire par une faction qui a déjà perdu le trône, qui cherche à le rendre solidaire des torts de l'émigration ! La France doit tout à ses rois, elle ne doit rien aux Emigrés. L'émigration est injustifiable (1), notre

---

(1) Elle a porté les armes contre la patrie ; crime que tous les peuples, anciens et modernes, ont puni de la peine des parricides. Que lui demandait cette patrie ? les droits que Louis XVIII a consacrés par la Charte, et contre la reconnaissance desquels l'émigration ameuta, et ameute encore sourdement toute l'Europe. Cette patrie tant outragée, parvenue à l'apogée de sa gloire, fut généreuse ; elle oublia les blessures qu'elle avait reçues, elle amnistia ses enfans coupables, et leur donna presque la préférence dans la distribution de ses faveurs.

Qu'on prenne les almanachs impériaux depuis 1802, les listes électorales municipales et des états majors de l'armée; et on verra combien est minime le nombre des émigrés qui n'ont pas porté la cocarde, l'écharpe ou la livrée tricolore.

Roi est au-dessus même du soupçon. La Charte, ce pacte immortel qui a réglé tous les intérêts, garde le plus profond silence sur l'émigration; elle confirme tacitement l'amnistie. L'étourdissement général qu'avait produit l'ébranlement de tant de trônes, l'Europe en armes deux fois sur nos foyers, le choc de tant de passions qui se combattaient sous nos yeux, n'ont pu nous distraire des grands principes que posa la révolution, que combattit l'émigration et qu'après trente ans de victoires et de revers, la Charte a consacrés.

Tâtez le pouls à la nation française, depuis la présentation du projet de loi; interrogez-la, gardez-vous surtout de chercher sa réponse dans vos journaux salariés : elle vous répondra ce que Pline disait à Trajan : « *Si nous avons un prince, c'est* « *afin qu'il nous préserve d'avoir des* « *maîtres.* »

Messieurs de l'aristocratie foraine et de la compagnie de Jésus, vous en feriez tant et tant , qu'on répétera dans toute la France : *ça va mal , ça va mal.*

Ils chantent ,'ils paieront , disait le fourbe Mazarin ; cette facétie ultramontaine a servi de *guide-âne* à tous nos ministres depuis dix ans ; toute leur politique est comprise dans ces quatre mots ; et comme si le salut de l'Etat dépendait de *Brunet* ou de *Potier ,* vous les voyez renforcer , décorer , encourager les fabricateurs *d'héroïsme d'antichambre ,* et moraliser l'entrechat.

Mais on chante partout. On ne s'est jamais tant réjoui à Londres qu'après la peste et l'incendie de la ville sous *Charles II.* Nous chantions lorsque les massacres de la Saint - Barthélemi duraient encore. On a conservé les pasquinades faites le lendemain de l'assassinat de Coligny. *Passio domini nostri Gaspardi Colignii secundum Bartholomeum.*

Il est arrivé mille fois que le sultan qui règne à Constantinople , a fait danser ses châtrés et ses odalisques, dans des salons teints du sang de ses frères et de ses visirs.

Que fait-on dans Paris le jour le plus néfaste? on court à l'Opéra et à la Comédie, à moins qu'il n'y ait *relâche par ordre.*

Que faisait - on quand la maréchale d'Ancre était immolée à la Grève à la barbarie de ses persécuteurs? quand le maréchal de Marillac était traîné au supplice dans une charrette, en vertu d'un papier, signé par des valets en robe dans l'antichambre du cardinal de Richelieu? quand *Latti,* qui avait versé son sang pour l'état, condamné par les cris de ses ennemis acharnés, allait sur l'échafaud dans un tombereau d'ordures, avec un baillon à la bouche? quand l'infortuné *Louis XVI, Marie Antoinette,* la vertueuse Elisabeth, madame de Lamballe, les victimes de septembre, les Girondins, les montagnards, allaient à l'échafaud? quand nous apprîmes nos revers, le sac de nos villes, le viol de nos sœurs, la dévastation du Musée, les fourches caudines enfin,... on *chantait des vaudevilles.*

Tel est le Français, ou du moins celui des bords de la Seine; tel il fut dans tous les temps, par la seule raison que les lapins ont toujours eu du poil, et les alouettes des plumes.

Le ban et l'arrière ban des chanteurs, commandés par MM. Désaugier et Chazet ; tous les danseurs moraux qui manœuvrent en ce moment sous les ordres de M. le vicomte de La Rochefoucauld, (1) ne m'empêcheront pas de dire à demi-voix, *ça va mal, ça va mal.*

______

(1) Je commence a concevoir pourquoi le jésuite Ménétrier a fait un livre sur les ballets anciens et modernes.

NOTE.

———

Je viens de lire une pétition imprimée, qu'adressent à la Chambre des Pairs, les fils, petits-fils, jusqu'aux arrière-neveux des fermiers-généraux. Ces messieurs, qui n'ont pas émigré, n'en veulent pas moins assister à la *grande curée*. Les moyens qu'ils emploient sont curieux, c'est naïvement ceux de *l'Intimé* dans la comédie des *Plaideurs*... *Monsieur, je suis bâtard de votre apothicaire......*

Vous verrez qu'on en viendra à l'autopsie du cadavre, non pour guérir, mais pour découvrir les dernières *plaies*.

Hélas ! les plus beaux jours sont ceux qui font le plus de chenilles. Je me rappelle qu'à côté de la belle déclaration de Saint-Ouen, le Journal *des Débats* publia la lettre d'un M. de B... .court, qui réclamait aussi le prix de ses services ; il n'avait point combattu sa patrie à côté de l'étranger ; mais il avait payé le *cacis* aux ouvriers des faubourgs pour leur faire crier *vive le Roi !*

Et gavisi sunt et pacti sunt pecuniam illi dare.
Ev. Sec. Lucam. Ch. XXII. V. 5.

Croyez-moi, MM. du privilége, ne vous y frottez plus : autre chose est de pêcher en eau trouble, comme on l'a fait jusqu'en 1814, ou bien de pêcher dans les eaux de la Charte. Louis XVIII a débrouillé la question. Tout le monde n'entend pas la révolution, pas plus que les moyens dont on se sert pour raffiner le sucre; mais tout le monde comprend les principes que consacre le titre recognitif que nous a laissé ce prince législateur.

Vous tournerez autour du pot, vous inquiéterez la cuisinière; mais très-certainement vous vous brûlerez les doigts.

C'est une erreur, généreuse sans doute, mais grande et funeste, que celle de quelques membres de l'opposition, qui s'imaginent qu'en *caponant* ils modifieront l'ardeur des hobereaux de la droite. J'y connais des *croûtes* dont la *savonnette* n'a pas quarante ans de date, et qui lutteraient contre notre divin maître, s'il revenait leur prêcher l'Évangile. Incorrigibles,.. incurables;.. sottise,... ignorance.. et vanité !!!